Tajalliya e Tabassum

SAIKA AKHTER

BlueRose ONE.com
Stories Matter
NewDelhi • London

BLUEROSE PUBLISHERS
India | U.K.

Copyright © Saika Akhter 2023

All rights reserved by author. No part of this publication may be reproduced, stored in a retrieval system or transmitted in any form or by any means, electronic, mechanical, photocopying, recording or otherwise, without the prior permission of the author. Although every precaution has been taken to verify the accuracy of the information contained herein, the publisher assumes no responsibility for any errors or omissions. No liability is assumed for damages that may result from the use of information contained within.

BlueRose Publishers takes no responsibility for any damages, losses, or liabilities that may arise from the use or misuse of the information, products, or services provided in this publication.

For permissions requests or inquiries regarding this publication, please contact:

BLUEROSE PUBLISHERS
www.BlueRoseONE.com
info@bluerosepublishers.com
+91 8882 898 898
+4407342408967

ISBN: 978-93-5819-692-4

First Edition: October 2023

قارئین کی خدمت میں

محترم قارئین!

میری نظموں اور غزلوں کا پہلا مجموعہ ہے جو اس اُمید پر آپ کی خدمت میں پیش کرنے کی جسارت کر رہی ہوں کہ آپ اسے پذیرائی بخشیں گے۔ یہ مجموعہ شائع کروانے کا مقصد اُردو اُدب کسی عمدہ شاعری کا اضافہ کرنا ہر گز نہیں۔ البتہ میرے اور آپ کے درمیان یہ کتاب تعارف کا ذریعہ ہے۔ اور تعارف اُس وقت دوستی کا رشتہ اختیار کر لیتا ہے جب دُکھ مشترک ہوں میرے اور آپ کے ذاتی دُکھ مشترکہ نہ سہی قومی دُکھ تو مشترکہ ہیں ناں۔

اِس کتاب میں شامل شاعری گذشتہ دس سالوں پر محیطہ ہے۔ اِن غزلوں میں محبت کا گلابی رنگ بھی جھلکتا ہے۔ اور محرومیوں اور ناکامیوں کی سیاہی بھی عیاں ہے۔ میری غزلوں کی زبان انتہائی سادہ ہے اور ہر بات بغیر گھمائے بھرائے بیان کی ہے۔ ہوسکتا ہے آپ کو معنی لحاظ سے کہیں کہیں جھول نظر آئے مگر اُسے میری علمی کم مائیگی سمجھ کر نظر آنداز کر دیجئے گا۔

اس مجموعے میں کچھ پنجابی غزلین اور نظمیں بھی شامل ہیں اللہ تعالیٰ آپ کا اور میرا حامی ہو۔ (امین)

ریت کے ڈھیر میں بناتے رہے محل
جانے کب طوفان آیا اور بہالے گیا۔

تعریف

نہ ایسا ہو نہ ویسا ہو
رکھوالا ہو تو خُدا کے جیسا ہو

نہ ایسا ہو نہ ویسا ہو
نبی ہو تو محمدؐ کے جیسا ہو

نہ ایسا ہو نہ ویسا ہو
موذن ہو تو بلال کے جیسا ہو

نہ ایسا ہو نہ ویسا ہو
پردہ ہو تو فاطمہؓ کے جیسا ہو

نہ ایسا ہو نہ ویسا ہو
رُتبہ ہو تو علیؓ کے جیسا ہو

نہ ایسا ہو نہ ویسا ہو
لاڈلہ ہو تو حسین کے جیسا ہو

نہ ایسا ہو نہ ویسا ہو
خلیفۃ ہو تو عمرؓ کے جیسا ہو

نہ ایسا ہو نہ ویسا ہو
عشق ہو تو اویس کے جیسا ہو

نعت

تڑپتا ہے دل اور جلتا ہے سینہ
آقا ایک بار مجھ کو بُلا لو مدینہ

آقا ایک بار مجھ کو بُلا لو مدینہ
آقا ایک بار مجھ کو بُلا لو مدینہ

میں ہوں کہیں اور دل ہے مدینہ
میرا عشق مدینہ میری جان مدینہ
دشوار ہو گیا ہے تبسّم کا جینا

آقا ایک بار مجھ کو بُلا لو مدینہ
آقا ایک بار مجھ کو بُلا لو مدینہ

روشنی

اس جہاں میں اپنا گھر بنانے چلی تھی
نہ علم کی تھی روشنی نہ راہوں کی خبر تھی

گناہوں کا دامن اندھیروں کے سائے میں تھام چلی تھی
روکا غمیر نے مجھ کو مگر رو کے سے بھی نہ رُکی تھی

جس دم میں کرتی توبہ یہی دل میں خیال رہتا تھا
ہو گی قبول کہ نہیں توبہ یہی دل میں ملال رہتا تھا

خُدا حافظ کہتے ہی اُس راہ سے آگے چلی تھی
جب روشنی کا ہوا سامنا تبسّم بہت دور جا چکی تھی

گفتگو

کوئی آرزو نہ رہی کوئی جستجو نہ رہی
میری زندگی میں کوئی خوشی نہ رہی
اُپنوں نے بھی ستایا غیروں نے بھی ستایا
کسی کی بھی باقی کوئی گفتگو نہ رہی
تنہائی کی زندگی اِتنی عجیب ہے
کسی کو ساتھ رکھنے کی خواہش نہ رہی
زندگی کے ہر موڑ پر دشمنوں نے آڑ لی
خُدا کا سہارا ہے تبسم کسی کی بھی پروا نہ رہی

کُفر

زندگی کے عجیب رنگ دیکھے ہم نے

مُنہ پہ سادگی دلوں میں کُفر دیکھے ہم نے

دو پل کی خوشی ملی جب آئے آپ

بعد میں تنہائی میں ہر غم دیکھے ہم نے

بڑے ہی خُدا اگرز لوگ ہیں تیرے شہر میں

ہر کسی کے دل کے پُرزے دیکھے ہم نے

میری اس غزل کو حقیقت سمجھو یا کہانی

بڑی بے رُخی کے زخم دیکھے ہم نے

اُروں کی بات چھوڑ اے تبسمؔ

بڑے ہی بے رحم تیرے صنم دیکھے ہم نے

پیغام

کہیں دور سے اِک سدا آجاتی رہی کبھی کبھی
خوشی اور غم کا پیغام سنا جاتی رہی کبھی کبھی

میری زندگی کے حَسین لمحے گُزر گئے جو
اُن لمحوں کی یاد ستاتی رہی کبھی کبھی

ایک خوشی کی طلب تھی مجھ کو ہمیشہ
وہ بھی ویران نظر آتی رہی کبھی کبھی

دُشمنوں کو نہیں پوچھا دوستوں پہ گلا نہیں
خود اپنے دل میں تبسّم ہر غم کو سجاتی رہی کبھی کبھی

جہاں سارا

آ بھی جا دلدارہ جب سے تو بچھڑا دِل پارا پارا
مجھے تنہا دیکھ کر ڈستا ہے جہاں سارا

میرے ارمانوں کی بربادی پر ہنستا ہے جہاں سارا
میری دل کی ہستی کو جلاتا ہے جہاں سارا
اِس نفرت کے جہاں میں کسی کا نہیں سہارا
اکیلی بے بس تبسّم کا کوئی نہیں ہے چارا

آ بھی جا دلدارہ جب سے تو بچھڑا دِل پارا پارا
مجھے تنہا دیکھ کر ڈستا ہے جہاں سارا

ہُنر

نہ کسی کو کھونے کا ڈر نہ پانے کا ہنر رکھتے ہیں
ہم اپنی ہی مستی میں جینے کا ہنر رکھتے ہیں

روٹھ جائے اگر کوئی ہم سے منانے کا تو پتہ نہیں
بس اپنا ہی دل جلانے کا ہنر رکھتے ہیں

لوگوں کا تو شوق رہا ہے تیر اندازی کا
ہم بھی کچھ کم نہیں زخم کھانے کا ہنر رکھتے ہیں

دُکھ دینا تو لوگوں کی فطرت میں ہے
پھر بھی چوٹ کھا کر تبسّم ہم مسکرانے کا ہنر رکھتے ہیں

سبق

سبق ایسا کتابوں میں نہیں تھا جو زندگی نے سکھایا ہے اے دِل
کچھ اپنوں کے اشاروں پر غیروں نے بھی ستایا ہے اے دِل

وقت کی موج نے ایسا سبق پڑھا دیا ہے ہم کو
کوں اپنا ہے کون پرایا ہے سب کچھ بتا دیا ہے اے دِل

ہم سمجھتے رہے جنہیں آج تک ہیرے موتی
وقت آنے پر وہی کانٹوں کی مانند چبھنے لگے اے دِل

پھر بھی کسی سے کوئی شکوہ شکایت نہیں ہمیں
جانے خُدا تبسم زندگی کا کون سا سبق ہے اے دِل

انتظار

ہم نے کیا ہے تمہارا برسوں سے انتظار
سالوں سے گُم سُم سالوں سے بے زار

موقع ہی کہاں ملا کے داستان، زندگی سناتے
وقت ہی نہ ملا کے کبھی کرتے اِقرار

کہنے کو تو بہت کچھ تھا ہمارے دِل میں
یہ بات اور ہے کہ ہم سے کبھی ہوا نہیں اظہار

چلو تب نہ سہی تو اب کہتے ہیں
پھر نہ کہنا کہ تم نے کیا نہیں انتظار

زندگی

سَرِ محفِل میں آئے ہیں تو کچھ کر کے جائیں
یا جی کے جائیں یا مر کے جائیں

ویسے تو جی رہے ہیں ہم ٹائم پاس کی زندگی
جیو ایسا کے مرنے کے بعد بھی لوگ قصے سنائیں

آئے ہیں ہم یہاں کچھ خریداری کرنے
کچھ دے کے جائیں اور کچھ لے کے جائیں

جینے یا مرنے کی فکر تبسّم ہم کیوں کریں
جس کام کے لئے آئے ہیں وہ تو کر کے جائیں

ناممکن

گزرے وقت کو بھولا دینا بس آسان نہیں ہوتا
غموں کو ہنسی میں چھپا لینا بس آسان نہیں ہوتا

مانا کے کاغذ کے پھولوں سے خوشبو نہیں آتی
مگر انہیں کتابوں میں سجا لینا بس آسان نہیں ہوتا

آپ کے سیوا کوئی اور بھی آسکتا ہے میری زندگی میں
ہر کسی کو تبسم دل میں جگہ دینا بس آسان نہیں ہوتا

یادیں

یہ دن اور یہ راتیں ہمیں یاد رہیں گی
جب تک رہی زندہ ہمارے ساتھ رہیں گی

یہ کھلتے ہوئے پُھول مہکتی ہوئی کلیاں
یہ زمانے اور یہ بہاریں ہمیں یاد رہیں گی

یہ توڑے ہوئے پھول ہاتھوں میں لے کے چلنا
یہ مست ہوائیں ہمیں یاد رہیں گی

یہ چاند اور ستاروں سے اکیلے میں باتیں کرنا
یہ چھوٹی سی بات یہ لمبی داستانیں ہمیں یاد رہیں گی

کبھی خوشی کبھی غم غصہ اور کبھی رحم
یہ ادائیں یہ جلکتی نگائیں تبسم ہمیں یاد رہیں گی

سنبھلنا

آئے ہیں دنیا میں تو جینا ہی پڑے گا
گر کے مصیبت میں خود سنبھلنا ہی پڑے گا

جلتے رہیں آگ میں پھر بھی چلنا ہی پڑے گا
جیسا جو کرے گا ویسا ہی بھرے گا

زندہ ہے جو عزت سے وہ عزت سے ہی مرے گا
غم دیئے ہیں جس نے وہی غم دور کرے گا

آئے ہیں دنیا میں تو جینا ہی پڑے گا
گر کے مصیبت میں، تبسم خود سنبھلنا ہی پڑے گا

بے وفا

جب سے وہ مجھ سے جدا ہو گیا
تب سے زمانہ بے وفا ہو گیا

موت بھی بڑی دلکش چیز ہے
یہاں جسم سے روح جدا ہو گیا

اس باغ کو کسی کی نظر لگ گئی
یہاں پھول کانٹوں سے تباہ ہو گیا

یہ حادثہ میری زندگی کے ساتھ
یہاں جینا اب تبسمؔ سزا ہو گیا

دیپ

میری نیند چُراتے رہنا
مجھ پہ بجلی گراتے رہنا

دامن چاک تو کر دیا
راہ میں خار بچھاتے رہنا

تیز ہوا میں جس کو روشن رکھا
تم وہ دیپ بجھاتے رہنا

موت گزرتی ہے مجھ پر
تم دوری بڑھاتے رہنا

غلطی بھی تمہاری ہو
معافی مجھ سے منگواتے رہنا

پھول راہ میں بچھانا مری مجبوری
مجھ کو تبسم بس آزماتے رہنا

درد

تیرے شہر میں جب آئے ہم
ایک نیا زخم کھائے ہم

مرحم لگوانے آئے تھے
درد بڑھا کر آئے ہم

ہم تو احمق ناداں ہیں بہت
تیری گفتگو کو نہ سمجھ پائے ہم

اچھا تو ہم چلتے ہیں تبسم
لوٹ کر نہ پھر کبھی آئے ہم

دیوانے

تیری چاہت میں گزرے ہیں زمانے کتنے
پھر بھی کرتا ہے مجھ سے نہ ملنے کے بہانے کتنے

تمہیں کیا خبر ہے اے میرے دل نشین
تیری یاد میں گائے ہیں ہم نے ترانے کتنے

کیا تمہیں اَب بھی پہلے سی محبت ہے مجھ سے
مل گئے خاک میں حُسن کے خزانے کتنے

بچپن کے دنوں کی بات ہی کچھ اور تھی
لگتے تھے وہ چھوٹے چھوٹے خواب سہانے کتنے

اب تو لگتا ہے ایک خواب شاید تبسمؔ
جان دے گئے محبت میں تجھ سے دیوانے کتنے

نعت

اِک وار مدینے بلا لیویں آقا روضہ تیرا تکنا اے

اِک وار مینوں دید کرا دیویں آقا روضہ تیرا تکنا اے

انکھیاں روندیاں تے دِل پریشان نی

ہو جاواں تیرے روضے اتوں قربان نی

تیرے باجوں نہ مینوں ہور کوئی سنگدا

اِک آقا توہی میرے دِل وچ وسدا

میں رج رج تینوں تکنا اے

اِک وار مینوں دید کرا دیویں آقا روضہ تیرا تکنا اے

تیرے باجوں نہ کوئی میرا سہارا

توہی مینوں جگ نالوں پیارا

کدے سُن لے میریاں وی عرضاں

تیری دید نوں بڑی میں ترساں

کدوں مینوں سدنا اے

اِک وار مینوں دید کرا دیویں آقا روضہ تیرا تکنا اے

مقدر

وہ یاد آتے ہیں کچھ اس طرح
جھونکے ہوا کے آتے ہیں جس طرح

یادیں ان کی عجیب سی بات ہے
آگ کے شعولے ہوں جس طرح
کبھی ان کے آنے کی آہٹ آتی ہے
پھر لگتا ہے ایک خواب ہو جس طرح

یوں ہی گزر جائے گی زندگی اے تبسم
یہ سوچتے ہیں لکھا ہے مقدر اِس طرح

طوفہ

ہر دور کی دُعا بھی نہیں ملی مجھے
ہر مرض کی شفا بھی نہیں ملی مجھے

پتہ نہیں ایسا میری زندگی میں کیوں
دُعا تو دُعا تھی بدعا بھی نہیں ملی مجھے

انجام محبت کا پونچا ہے اس جگہ
وفا تو وفا ہے جفا بھی نہیں ملی مجھے

اُسکی ایک خوشی پہ لٹا دیا ہے سب کچھ
نماز وقت تو کہاں تبسّم قضاء بھی نہیں ملی مجھے

شک

تمہارے من میں جانے کیا شک پڑا ہے
اسلئے ہر روز ایک نیا الظام کھڑا ہے

سمجھو گے مگر وقت نہیں ملے گا
دیکھو گے جب تو سب ویران پڑا ہے

میری ہر بات بُری لگتی ہے تمہیں
جانتے نہیں پیچھے ایک طوفان کھڑا ہے

جینا ہے تو سنبھل کے جینا سیکھ لو
ورنہ دُشمن ہر موڑ پہ تبسم کھڑا ہے

محفل

غم حسرت کو ہم سے چھپایا نہ گیا
یہ دل کسی اور سے لگایا نہ گیا

تیری ہر خوشی میں میری خوشی ہے
تم نہ سمجھو کہ تم کو کچھ بتایا نہ گیا

تم سے کوئی چیز نہ کی عزیز ہم نے
تیری بزم میں پھر بھی ہم کو بلایا نہ گیا

ایک تیری یاد کو اس دل میں جگہ ملی ہے
پھر بھی میرا غم تبسم تیری محفل میں سجایا نہ گیا

سُہانا سفر

زندگی کا یہ سفر سُہانا لگتا ہے
سوچنے سمجھنے میں بھی زمانہ لگتا ہے

کبھی خوشیوں کا ترانہ لگتا ہے
کبھی غموں کا افسانہ لگتا ہے

آگے چلو تو ہر قدم انجانہ لگتا ہے
پیچھے مُڑں تو سب ویرانہ لگتا ہے

جہاں دیکھو تو سب بیگانہ لگتا ہے
پتہ نہیں تبسّم کہاں نشانہ لگتا ہے

دُنیا

کیوں شک کرتے ہو دُنیا والو
کیوں دُکھ دیتے ہو دُنیا والو

ہم غلط نہیں ہیں ہمارا خدا جانے
کیوں زہر زندگی میں بھرتے ہو دُنیا والو

کسی بے سہارا کی مدد کرنا بُری بات نہیں
کیوں ہمیں غلط سمجھتے ہو دُنیا والو

یہ قسمت کے کھیل ہیں میری شاید تبسم
دُکھی کو اور دُکھ کیوں دیتے ہو دُنیا والو

آس

اُن سے ملنے کی ایک آس باقی ہے
اس لئے تن میں سانس باقی ہے

تصویروں میں انکی خشبو آتی ہے
آمنے سامنے دیکھنے کی خواہش باقی ہے

وہ مجھ سے دور تو ہیں پھر بھی
اِس دِل میں ایک احساس باقی ہے

سانس نِکل بھی گیا تو مت دفنانہ
کیونکہ اُنکے آنے کی تبسم آس باقی ہے

غم

تو نے ہمیں پاگل بنا دیا او صنم
تیری یاد میں دِن رات جلتے ہیں ہم

جہاں دیکھوں نظر آتے ہو تم
میرے خوابوں میں روز آتے ہو تم

نام لینے سے قاصر ہوں صنم
مجھے اِسطرح کیوں ستاتے ہو تم

تمہیں خبر کیا کیسے گذر رہے ہیں دن صنم
تبسّم کی زندگی بھی عجیب خوشی کبھی غم

پاگل پن

اے دِل تو کتنا پاگل ہے تو پیار کس سے کرتا ہے
خُدا کو یہ منظور نہیں تو کیوں کسی پہ مرتا ہے

چاہے جو جہاں کا والی وہی سب کچھ کرتا ہے
اے دِل تو کیوں پاگل پن کرتا ہے

تیرے بس کا روگ نہیں سب مالک کرتا ہے
یہ جان کے بھی اے دِل تبسّم تو نہ سمجھی ہے

دُشمن

آنکھیں روتی ہر کوئی دیکھے دل روتے کوئی نہیں

دوستی تو ہر کوئی کرے ساتھ چلتا کوئی نہیں

بے درد دُنیا میں بہت ہیں مگر

ہمدرد ہمارا زمانے میں کوئی نہیں

دِل کو دُکھانے والے بہت ہیں

دِل کو سمجھنے والا کوئی نہیں

دوست کم ملیں گے زمانے میں

دُشمنوں کی کوئی کمی نہیں

خُدا خوش رکھے دُنیا والوں کو

تیرا اے تبسم اِس جہاں میں کوئی نہیں

تڑپ

خوشیوں میں پلنے والو کبھی غم میں جلنا سیکھو
آسمانوں پہ اُڑنے والو کبھی زمین پہ چلنا سیکھو
دُنیا کو سجدہ کرنے والو کبھی خُدا کو سجدہ کرنا سیکھو
بے بسوں کو جلانے والو کبھی خود بھی جلنا سیکھو

روشنی میں رہنے والو کبھی اندھیروں میں رہنا سیکھو
زخموں پہ نمک چھڑکنے والو کبھی مرہم لگانا سیکھو

شہروں میں بسنے والو کبھی پہاڑوں میں بسنا سیکھو
گہری نیندوں میں سونے والو کبھی تڑپ کے جاگنا سیکھو

شیشے کا گھر

شیشے کا گھر تھا میرا، پتھر چلایا کس نے
جان ہو گئی ہے زخمی، یہ خون بہایا کس نے
دولت کی دُھن میں اُسکو کچھ بھی نظر نہ آیا
کہتا ہے پھر یہ لیکن یہ گھر جلایا کس نے
ہاتھوں میں پھول لے کر چپکے سے کیوں آئے
ہم یہ سوچتے تھے ہم کو ستایا کس نے
اپنے ہی قدموں پر ہم خود بڑھ رہے تھے آگے
ہم غلط نہیں تھے راستہ بھلایا کس نے
وہ روبرو جو آئے ہم دِل میں مسکرائے
ہم نے تبسم اُنکے اُنکو بتایا کس نے

ٹوٹا دِل

ڈُنیا میں نہ کوئی ہمارا ہے
صرف غموں نے ہم کو مارا ہے
مدت سے تھی خواہش بہاروں کی
خزاؤں نے آ کر اُجاڑہ ہے
غیروں سے کیا شکوہ کروں
ہمیں تو اپنوں نے مارا ہے
تبسّم کا نہ کوئی چارا ہے
بس ایک رب کا سہارا ہے

لمحے

خیالوں میں کچھ لمحے گزر گئے
ہم دیکھتے ہی رہے گئے

کچھ دِن کے لئے ملاقات تھی
ہم ایک پل میں بچھڑ گئے

اُداس راہوں سے ہم چل رہے تھے
جیسے ہوا کے جھونکے گزر گئے

جو دیکھے تھے سپنے پل میں بکھر گئے
بنے اے گھر تبسّم پل میں اُجڑ گئے

داستانِ زندگی

آج کل دِل کیوں پریشان ہے
یہ زندگی بھی عجیب داستان ہے

ایک طرف بہار ہے ایک طرف ویران ہے
ایک طرف زمین ایک طرف آسماں ہے

ایک طرف خوش رنگ ایک طرف شمشان ہے
ایک طرف آنسوں ایک طرف مُسکان ہے

آج کے دور میں زندگی غموں کا نشان ہے
یہ زندگی بھی تبسّم عجیب داستان ہے

دل کی آواز

میری ہر صبح اور ہر شام ہو تم
میری زندگی کا دوسرا نام ہو تم

مت پوچھو کہ کیا ہے یہ سفر
میری زندگی کی ایک داستان ہو تم

صبح کا سورج اور رات کی چاندنی
دِن کی چمک اور رات کی ٹھنڈک ہو تم

میرے سانسوں کی ایک سانس
تبسّم میرے دِل کی دھڑکن ہو تم

تم نہ آئے

تیری یاد تو بہت آئی مگر تم نہ آئے
ڈستی ہے مجھے میری تنہائی مگر تم نہ آئے

یادوں کے تیرے یہ جھونکے ہواؤں کے
میری سانسوں میں سمائے مگر تم نہ آئے

دیکھتی ہوں اگر چلتے کسی کو ساتھ
بہت سے خیال آئے مگر تم نہ آئے

بہت یاد کرتی ہے تمہیں یہ تبسم
بے وفا ہو گئے ہو پھر کیوں تم نہ آئے

اپنے

اپنے ہی کیوں غم مجھ کو دیتے ہیں
ہر موڑ پر ایک نیا زخم دیتے ہیں

کیا تھی میری خطاء اے خُدا
کیوں مجھ کو ہر پل بد دعا دیتے ہیں

بہت چالیں چلیں گھر اُجاڑنے کی
جب نہ چلی تو سر کو چھپا لیتے ہیں

بہت غم دیے زندگی میں اپنوں نے تبسّم
ہر روز ایک نئی سازش رچا دیتے ہیں

اسکول

بیٹھی تھی اسکول میں بچوں کو پڑھایا
چلنے کی آواز آئی لگا کہ کوئی آیا

یہ آواز کئی بار میرے کانوں میں آئی
میں نے اُٹھ کے دیکھا تو کوئی نظر نہ آیا

یہ دیکھ کے خود پہ بہت ہنسی آئی
اِدھر تو کوئی نہیں پتوں کو ہوا نے ہلایا

یہ سوچ رہی تھی کہ من میں خیال آیا
دیکھا گھڑی پہ تبسم تو چھٹی کا وقت آیا

تنہائی

میں اُتنی صاحب نصیب ہوتی

تو ہمیشہ تمہارے قریب ہوتی

تم مجھ سے دور نہ ہوتے

نہ میں اتنی تنہا ہوتی

ہر موڑ پر اکیلی کیوں چلتی

نہ میں اِتنی کسی کی موتاج ہوتی

سوچتی ہوں خُدا کی مرضی ہے ورنہ

بھری محفل میں تبسم یوں اُداس ہوتی

مجبوری

پیار تو ہے لیکن دوری ہے
جینا دشوار تو ہے لیکن مجبوری ہے

جی تو چاہتا ہے تیری محفل میں آنے کو
پر وہ بھی تو ایک مجبوری ہے

مجبوری یہ بھی ہے مجبوری وہ بھی ہے
لیکن ہے تو ضروری ہے

بِن آپ کے ایک پل دل نہیں لگتا
یوں لگتا ہے تبسم میری زندگی ادھوری ہے

دُور

لوگ کہتے ہیں شاید ہی میرے سینے میں کوئی غم ہو
مگر اِس بات کو تم سمجھو تو میرے لئے کیا وہ کم ہو
خبر بھی تمہیں ہوگی اور حقیقت کا پتہ بھی
میرے لفظوں کی محفل میں سجے صرف تم ہو
کہنے کو تو کچھ بھی کہے لیتے ہیں، لوگ
مگر میرے خوابوں کی تابیر صرف تم ہو
بہت غم دیکھے زندگی میں ہر طرف سے
میری پہلی اور آخری چاہت صرف تم ہو
جلتے ہیں دیپ خوشیوں کے ملتے جب تم ہو
میری روح کی نیاء میں صرف تم ہو
گھبراہٹ صرف یہ ہوتی ہے میرے دل کو
یادیں ہیں پاس تمہاری تبسّم اور دور تم ہو

کوئی پتھر

اے دل تو ہی بتا تو پتھر ہے موم
ہم تو سمجھے تھے کوئی پتھر تجھے
کہ جس کو کبھی درد نہیں ہوتا
کہ جس کو کبھی احساس نہیں ہوتا

وقت بھی کیا کیا رنگ بدلتا ہے
کسی کا سنگ کسی کا ڈھنگ بدلتا ہے

بدلے اگر قسمت تو بدل جائے قوم
اے دِل تو ہی بتا تو پتھر ہے یا موم

بے دردی

زندگی کے ریلے میں
اس قدر جھمیلے میں
کِس کِس کو بتاؤں میں
کِس کِس کو مناؤں میں
وقت ہی ایسا ہے
ہر انسان کو عزیز پیسہ ہے
کون سمجھے درد کسی کا
کون پوچھے حال کسی کا
زندگی کے ریلے میں
اس قدر جھمیلے میں

میری دوستی

میری دُنیا اُجاڑنے والو
تم میری ہوا کو ترسو

تم جلو اُس آگ میں
تو پانی کی بوند کو ترسو

تم ڈھوبو اس سمندر میں
کو کنارے کو ترسو

میرا کیا ہے اے تبسّم
تم میری دوستی کو ترسو

مدد

کب تک چلے گا یہ ظلم وستم
کب تک چلے گی یہ کالی گھٹا

اے رنگوں میں بھنگ ڈالنے والے
میرا دل تمہیں دے رہا ہے بدعا

اُوپر دیکھ کے چلنے والے
کامیاب نہ ہونگے سدا

مجھ پہ وار کرنے والے خود نشانہ بنے
میرا کیا ہے تبسم میرے ساتھ ہے خُدا

تیری یاد

آج پھر مجھ کو تیری یاد آئی
بڑے دنوں بعد آئی

ساری رات نیند نہ آئی
ہر جگہ تیری تصویر نظر آئی

تیری یاد میں آنکھ بھر آئی
دِل میں ایک آگ لگائی

آج پھر مجھ کو تیری یاد آئی
اے تبسم بڑے دنوں کے بعد آئی

انسانیت

نہ ہندو بنو نہ مسلمان بنو
اگر کچھ ہے تو انسان بنو

خون بہانے کی اجازت نہیں دیتا اسلام
یہ وہ مذہب ہے کو دیتا ہے امن کا پیغام

کیوں سنتا نہیں کوئی مظلوموں کی آواز
قتل ہو رہے ہیں ماؤں کے لال

تب بھی قربان ہوا مسلمان
آج بھی قربان ہو رہا ہے مسلمان

پھر بھی کہتے ہو مسلمان کا ہندوستان نہیں
ارے تم تو وحشی ہو انسان نہیں

دوست

نہ ایسا ہو نہ ویسا ہو
دوست ہو تو تیرے جیسا ہو

کوئی غم ہو یا مصیبت ہو
خود بھی مسکراتا ہو ہمیں ہنساتا ہو

جس میں معصوم سا دل ہو
دل میں سب کی عزت ہو

نہ ایسا ہو نہ ویسا ہو
دوست ہو تبسم تو تیرے جیسا ہو

خواب

نہ جانے مجھ کو کیا ہو گیا ہے
آپ کی یادوں میں یہ دل کھو گیا ہے

خوابوں میں تو روز آنا جانا ہے
ملنا بھی ایک آرمان ہو گیا ہے

کب ختم ہونگی یہ دوریاں تبسمؔ
جینا تو اب دشوار ہو گیا ہے

اشک

نہ جانے کیوں اشک بہتے رہے رات بھر
نہ جانے کسی غم کو سہتے رہے رات بھر

دل کی بات خدا جانے اور نہ کوئی
مجھ سے یہ اشک کہتے رہے رات بھر

ایک چُبن سی ہوتی رہی اس دل کو
ایک آگ سی لگتی رہی رات بھر

میرا چین و قرار سب جاتا رہا تبسّم
جانے کس بات کی سزا دیتے رہے رات بھر

خاموش

میں خاموش ہوں تو خاموش ہی رہنے دو
بس یہ جو درد ملے بڑے آرام سے سہنے دو

مجھے شوق نہیں میناروں کا دِل کی بادشاہ ہوں
دِل کے سامنے ہیروں کا مول نہیں رہنے دو

میں تو ہمیشہ بھروسے کی وجہ سے ہار جاتی ہوں
کہتی کچھ اور ہوں سنتے اور ہیں ختم سب جانے دو

بس اتنی سی بات سے غلط سمجھتے ہیں لوگ
اب کچھ نہ کہنا جتنا کہہ دیا تبسم اُتنا ہی رہنے دو

بھروسہ

بھروسہ توڑا ہے اُس نے ایسا بھول جانے کے قابل نہیں
دل بھی توڑا ہے اُس نے ایسا بتانے کے قابل نہیں

کیا تھا بھروسہ ہم نے اُس پر اپنے امن و ایمان جتنا
لوٹا اُسی نے ہمیں سب کو بتانے کے قابل نہیں

پھر بھی دل یہ کہتا ہے اُس کی کوئی خطاء نہیں
ہماری قسمت ہے تبسّم سب کو بتانے کے قابل نہیں

دنیاوی عشق

دنیاوی عشق میں ڈوبا ہے سارا جہاں
جانتے بھی ہیں کسی کو رہنا نہیں یہاں

آگے کی سوچ کیا ہونا ہے وہاں
یہ دھن و دولت سب رہنا ہے یہاں

یہ جن و بشر یہ شجر و حجر مٹ جانا ہے سب
ختم ہو جائے گا تبسمؔ ایک دن سارا جہاں

زخم

یہ زخم ہی اپنے ساتھی ہیں اِن سے اب گھبرائیں کیا
ٹھکرایا دنیا نے ان سے اب شرمائیں کیا

تیروں کا ہنر سکھلایا جنہیں اُنہی سے تیر کھائے
ہر درد سہا جن کے لئے انہیں اب احساس کرائیں کیا

نبائی نہ گئی اُن سے جن پر ہم جان چھڑکتے ہیں
نہ سمجھ سکے وہ ہمیں اُنہیں اب سمجھائیں کیا

شکوے شکائتیں تو ان سے بہت ہیں مگر
احساس نہیں جنہیں تبسم اب انہیں احساس دلائیں کیا

مطلب

اچھے لوگوں کو تو سب کی فکر ہوتی ہے
منافقوں کو تو صرف خود یہ نظر ہوتی ہے

میں نے دیکھا ہے لوگوں کے رویئے بدلتے ہوئے
مطلب نکل گیا تو پھر کس کو فکر ہوتی ہے

مجھے امید نہیں ہے اَب کسی سے خوداری کی
آج کے دور میں اپنوں کی نہیں غیروں کی قدر ہوتی ہے

مطلب میں بٹ گئے ہیں آج کے رشتے
محبت کی نہیں تبسّم صرف مطلب کی فکر ہوتی ہے

رشتے

ساری زندگی جھکتی رہی جن رشتوں کو بچانے کیلئے
وقت آنے پر وہی رشتے دوڑ آئے کاٹ کھانے کیلئے

گئی تھی محفل میں دوستوں کے ساتھ دل بہلانے کیلئے
سب نے مل کر مشورہ پہلے ہی کرلیا تھا مجھ کو رولانے کیلئے

کفن اوڑھا کچھ وقت کیلئے سب کو آزمانے کیلئے
ہائے تبسم سب دوڑے چلے آئے مٹی میں ملانے کے لئے

مُحسن

حسن جب عروج پر تھا تو چرچے بے شمار ہونے لگے
پڑی جس جس کی نظر سب طلب گار ہونے لگے

پھر لگ گئی کسی کی نظر تو مارے مارے پھرتے رہے
پھرنے لگے جب در بدر تو پاگلوں میں شمار ہونے لگے

وہ آئے تو یوں مسکراتے چل دیئے
یہ انکی مہربانی ہے تبسم کہ ہم شاعروں میں شمار ہونے لگے

برسات

برسات کی رات میں اکیلی تھی
دیکھا تو پھولوں میں بھری چمبیلی تھی

کچھ وقت میں اُسی میں کھوئی تھی
اچانک سے کچھ روشنی پر نظر پڑی تھی

جگ مگ کرتی موتیوں کی لڑی تھی
جیسے پریوں کی بارات چلی تھی

کمال

تم بھی کمال کرتے ہو
بات بات پہ سوال کرتے ہو

ڈھونڈتے ہو روٹھنے کا بہانہ
ہر بات پہ دمال کرتے ہو

مجھے آتا نہیں منانے کا فن
کیوں روٹھنے کا زوال کرتے ہو

بھول جانے کے قابل نہیں

بھروسہ توڑا ایسا بھول جانے کے قابل نہیں
دل کے ٹکرے ٹکرے کر دیئے اور کہتے ہو کچھ ہوا ہی نہیں

ابھی بھی آپ کو لگتا ہے ہمیں کرنی چاہئیے گفتگو
اب تو میرے پاس کچھ رہا ہی نہیں

گُم سُم کیوں ہو جاتے ہو تم صاحب
میری کسی بھی بات کا جواب تو دیا ہی نہیں

خوش رہو خدا حافظ الودع، شکریہ
یوں سمجھ لو یہ دل نہیں پتھر ہے اسے کچھ ہوا ہی نہیں

اسے غزل نہ سمجھنا یہ حقیقت ہے
اب اس درد کی تبسم کوئی دعا ہی نہیں

کفن

میں کسی کے کفن کو کیا دیکھوں
میری اپنی قبر کے معاملے بڑے سخت ہیں

میں کسی کے گناہ کو کیا دیکھوں
میرے اپنے گناہ بڑے زبردست ہیں

اپنے گناہوں کی معافی کو کیا دیکھوں
ہم تبسّم پرائیوں کی طرف بڑے مست نہیں

کفر

وہ لوگ کتنے خوش نصیب ہوتے ہیں
جو سب کے دل کے قریب ہوتے ہیں

میری زندگی تو بڑی لاجواب ہے
جدھر دیکھو عذاب ہی عذاب ہے

مجھے اب جینے کا بھی شوق نہیں
مجھے اب جھوٹی تسلی کا بھی شوق نہیں

اب سمجھ میں آیا سب خودغرض ہوتے ہیں
مُنہ پہ سادگی تبسّم دلوں میں کفر ہوتے ہیں

جیسی کرنی ویسی بھرنی

تم کسی کی راہ میں خار بچھاتے چلو
چُننے والا بھی تمہارا ہی ہوگا

تم کرتے رہو مظلوموں پر ظُلم
سزا کاٹنے والا بھی تمہارا ہی ہوگا

تم کرتے رہو کسی سے بے وفائی
تم سے بے وفائی کرنے والا بھی تمہارا ہی ہوگا

وقت اور بخت ایک ساتھ نہیں چلتے
تمہیں جواب دینے والا بھی وقت تمہارا ہی ہوگا

تم سمجھتی رہی اکثر جنہیں تبسّم خاص
تمہاری ہر ناکامی کے پیچھے ملوث تمہارا ہی ہوگا

گِر کر جو سنبھلے وہ دنیا بدل بھی سکتا ہے

برائیوں کا یہ موسم بدل بھی سکتا ہے
ہم چائیں تو راستہ بدل بھی سکتا ہے

اچھائی میں ہے برائی کا خاتمہ
سب مسلوں کا حل نکل بھی سکتا ہے

ہم جلدی میں خفا ہو کے چل دیئے ورنہ
طوفان کا رُخ بدل بھی سکتا ہے

کسی بھی اچھے کام میں دیر مت کرو
نکلا صبح کا سورج شام کو ڈھل بھی سکتا ہے

گرنے کو تو سب گرتے ہیں تبسّم
گر کر جو سنبھلے وہ دنیا بدل بھی سکتا ہے

رنگ

کہاں دل بدلتے ہیں صرف چہرے بدلتے ہیں
موسم کی طرح لوگوں کے روپ بدلتے ہیں

گولیوں کی تو ضرورت ہی نہیں پڑتی
یہاں تو باتوں سے ہی تیر چلتے ہیں

چہروں پہ رونق کہاں سے آتی
ہر روز لوگوں کے ضمیر بدلتے ہیں

ہمیں کوئی شکایت نہیں کسی سے تبسّم
یہ لوگ تو ہر روز اپنے رنگ بدلتے ہیں

نعت

ایک آس لگائے بیٹھی ہوں
ایک بار مدینہ دیکھوں میں

اُس شہر کی پُر کیف ہواؤں میں
ایک بار تو جینہ دیکھوں میں

پیاسی ہوں آبِ کوثر کی
ایک بار تو پینہ دیکھوں میں

پھر چاہئے ہوش گواء بیٹھوں
ابس ایک بار مدینہ دیکھوں میں

پنجابی غزل

آسر رب دا

آیا ساون مہینہ چھم چھم برسدا اے
کراں یاد بچپن نوں تے دِل بڑا ترسدا اے

دُشمناں تے چار جفیر وں تیر چلائے
میرا کُجھ نہیں گمیا اپنے تیر گوائے

جِناں نوں اسرا رب دا دنیا کی ڈرائے
دُشمن چھیڑ کے تبسّم اُنہاں نال اپنا آپ گوائے

پنجابی نعت

سونا سونا ہے تیرا نام
مدینے وچ رہن والیا

لکھ واری درودُ سلام
مدینے وچ رہن والیا

تیرے باجوں نہ کوئی چنگا لگدا
تیرے باجوں ہون دِل نیی لگدا

ہر ویلے کراں یاد تے پہجاں سلام
مدینے وچ رہن والیا

کراں یاد تے چھم چھم رُواں
لِکھ میرے نصیب وچ مدینے دیّاں ہواواں

سلاماں بہج دے نے عرشاں فرشاں والے
میرا وی کرلے قبول سلام مدینے وچ رہن والیا

نظر کے سامنے

تیرا گھر ہو میرے گھر کے سامنے

تو رہے ہمیشہ میری نظر کے سامنے

پھول کھلتے رہیں مہک آتی رہے

تم ایک چمن لگاؤ میرے گھر کے سامنے

دیکھتی رہوں ہمیشہ تجھے

تو رہے میری نظر کے سامنے

تیری یاد میں ہر دم جلتی رہوں

تو رہے تبسم میرے جگر کے سامنے

شعر

کسی کے دِل کا درد کس نے دیکھا ہے
جس نے دیکھا ہے صرف چہرہ دیکھا ہے

درد تو تنہائیوں میں ہوتا ہے تبسّم
تنہائیوں میں بھی لوگوں نے ہمیں ہنستے دیکھا ہے

****

احساس نہیں اَب غموں کا اِس قدر ملے
آگ کیا چیز ہے ہم تو ساری عمر جلے

تو خوش رہے نہ جانے کیوں میں نے ایسا چاہا
تو نے درد دِل دیا تبسّم پھر بھی ہم نے سہاء

****

دِل سے روئے مگر ہونٹوں سے مسکرا بیٹھے
یوں ہی ہم کس سے وَفا نبھا بیٹھے

وہ ہمیں ایک لمحہ نہ دیکھ پائے
جس کے لئے تبسم ہم اپنی زندگی گواء بیٹھے

میرے زخموں کو جب بھی تم ٹٹولو گے
اپنی انگلیاں تم خون میں ڈبولو گے

کیسے زندہ ہوں میں تبسّم یہ سوچ کر
تم اپنے ہوش وحواس کھولو گے

✽✽✽✽✽✽✽

کسی نے رولایا تو کیا ہوا
کسی نے دل دکھایا تو کیا ہوا

ہم تو پہلے ہی دُکھی تھے تبسّم
کسی نے احساس دلایا تو کیا ہوا

✽✽✽✽✽✽✽

آپ میری دعاؤں میں اسطرح
پھولوں میں ہے خوشبو جس طرح

خُدا آپ کو اِتنی خوشیاں دے
زمین پہ ہوتی ہے تبسّم برسات جس طرح

میں تبسم ہوں مسکراتی ہوں طوفان کے عالم میں
تڑپتی خود ہوں اوروں کو تڑپانا نہیں آتا

تڑپنے میں ہی زندگی گزار لی تبسم
مگر نازک سی امیدوں کو ٹھکرانا نہیں آتا

✻✻✻✻✻✻✻

وہ الزام مجھ پر یوں لگاتے رہے
ہم چھپ چھپ کر اشک بہاتے رہے

بے رخی سی ہوگئی پیدا کچھ اس طرح
ہم دِل سے تبسم اِس نقش کو مٹاتے رہے

✻✻✻✻✻✻✻

بہاروں نے بھی اپنے رنگ دکھائے
خزاؤں نے بھی اپنے ڈھنگ دکھائے

یہاں کوئی بھی باقی نہ رہا تبسم
سب نے مل کر ہم پر ظلم ڈھائے

کانٹوں کو چُبانا سکھایا نہیں جاتا
پھولوں کو کھلانا سکھایا نہیں جاتا

آجاتا ہے خود ہی دل کے قریب
کسی کو کہہ کے تبسم اپنا بنایا نہیں جاتا

❋❋❋❋❋❋

ہمیں کبھی شکایت نہ ہوتی
اگر ہمارے دل میں آپ کی محبت نہ ہوتی

آپ نہ ہوتے ہماری نظروں کے سامنے
تو ہمارے دل کو تبسم دھڑکنے کی عادت نہ ہوتی

❋❋❋❋❋❋

رہے نہ باؤ گے کبھی بھلا کر دیکھ لو
یقین نہیں آتا تو آزما کر دیکھ لو

محسوس ہوگی کمی ہماری ہر جگہ تمہیں
اپنی محفل کو تبسم کتنا بھی سجا کر دیکھ لو

ہر دل کی کوئی آرزو ہوتی ہے
پر منزل کی کوئی جستجو ہوتی ہے

دکھاوے کا پیار تو ہر کوئی کرتا ہے
سچے پیار کی تبسّم کوئی خشبو ہوتی ہے

****

دریا وفاؤں کا کبھی رُکتا نہیں
جذبہ محبت کا کبھی جھکتا نہیں

ہم چُپ ہیں کسی کی خوشی کے لئے
وہ سوچتے ہیں تبسّم ہمارا دِل کبھی دُکھتا نہیں

****

محبت نام ہے اظہار کا
ملاقات نام ہے اقرار کا

دو دل جب مل جائیں
دیا جاتا ہے تبسّم نام پیار کا

میری کوئی خوشی نہیں تیرے سیوا
میری زندگی نہیں تیرے سیوا

جب تک سانس ہے تو آس تمہاری ہے
میری کوئی آرزو نہیں تبسّم تیرے سیوا

****

احساس بہت ہوگا جب ہمیں چھوڑ جائیں گے
روئیں گے بہت مگر پچھتائیں گے

جب ساتھ نہ رہے کوئی تو ہمیں آواز دینا
آسمان پہ بھی ہوئے تبسّم تو لوٹ آئیں گے

****

سُنا ہے تیرے شہر میں عجب سی بات ہے
سُنا ہے تیرے شہر میں ظلموں کی برسات ہے

ایک رات تو قدرت نے عطاء کی ہے
سُنا ہے تبسّم تیرے شہر میں دن کو بھی رات ہے

یوں لگتا ہے کہ تم نے مجھ سے کچھ چھپا رکھا ہے
اپنے اس شیشہ دِل میں کُفر کا دیا جلا رکھا ہے

ہم تو آپکی نظروں سے ہی پہچان گئے تھے
پھر بھی تبسّم اس زبان کو اپنے دانتوں میں دبا رکھا ہے

✻✻✻✻✻✻✻

آپ ہنستے تھے مجھے ہنسانے کے لئے
آپ روٹھتے تھے مجھے آزمانے کے لئے

کہیں آج پھر روٹھ کر دیکھ لو
عمر بھر ترسو گے تبسّم منانے کیلئے

✻✻✻✻✻✻✻

لوگ میری عادت یہ یوں ہی کھو جاتے ہیں
کبھی روتے ہوئے ہنستے ہیں کبھی ہنستے ہوئے رو دیتے ہیں

کس نے کہا تم سے ہم کسی کو ڈھونڈ تے ہیں
ہم وہ شمع ہیں تبسّم جس کو پروانے ڈھونڈ تے ہیں

جب تک تھی اپنے گناہوں سے بے خبر
تب تک آئے سب میں عیب نظر

پڑی جب نظر اپنے گناہوں پر
پھر کسی میں بھی تبسم عیب نہ آیا نظر

****

وہ دل ہی کیا آقا جس میں تیرا عشق نہ ہو
وہ جان ہی کیا جو آقا تجھ پہ قربان نہ ہو

****

دل کی گلیوں میں کوئی غم نہ ہو
ہماری یہ دوستی کبھی کم نہ ہو

دُنیا کی ہر خوشی ہو حاصل آپ کو
اُس خوشی میں تبسم ہم ہوں یا نہ ہوں

****

یوں تو ہر چیز فنا کی طرف چلتی ہے
زندہ رہ کر بھی مر جانا سمجھتے ہو

چلے آؤ ہم یاد کرتے ہیں
یہ گناہ ہم بار بار کرتے ہیں
جلا کر چراغ حسرتوں کا دل میں
آنا کہ تبسم ہم انتظار کرتے ہیں

دل میں درد ہو تو دعا کیجئے
دل ہی درد ہو تو کیا کیجئے

****

کسی کے کہنے سے ارادہ نہیں بدلا جاتا ہے
ہر بار دوست نہیں بدلا جاتا ہے

کون کہتا ہے زمانہ بدل جاتا ہے
زمانہ نہیں تبسم لوگوں کا رویہ بدل جاتا ہے

****

کون سنے گا درد ہمارے
چلے گئے کیسے کیسے پیارے
کندھوں پہ سر کون رکھے
گزرے گا وقت کس کے سہارے

برگ ریز

اُس محفل میں کیوں نہ نور برسا جائے
جس محفل میں میرے نبیؐ کا نام آئے

❋❋❋❋❋❋❋

اُداس چاند ہر رات مجھ سے یہ ہی کہتا ہے
دیکھ تیرے دل کی طرح تبسّمؔ مجھ میں بھی داغ ہے

❋❋❋❋❋❋❋

ریت کے ڈھیر میں ہم بناتے رہے محل
جانے کب طوفان آیا اور بہا لے گیا

❋❋❋❋❋❋❋

ریت کے ڈھیر میں ہیرے تلاش کرتے کرتے
تھک گئے ہم اپنوں میں اپنوں کو تلاش کرتے کرتے

❋❋❋❋❋❋❋

یہ غم نہیں کہ دنیا سے گذر جاؤں میں تبسّمؔ
غم تو یہ ہے میرے جانے سے کسی نے آنسوں نہ نکل جائیں

مجھے جس کی تلاش تھی وہ چہرہ نہیں ملا
اب تک جو کیا سفر میں بس رائیگاں گیا

****

تجھ سے ملاقات تو بڑی بات ہے
اس دل کی تسلی کو تیرا نام ہی کافی ہے

****

کیا مجال انکی وہ کیا سمجھ پائیں گے
میں رووں گی بھی تو لبوں پہ تبسم سجا کے

****

مبارک ہو تمہیں یہ الزام دینے کیلئے
حقیقت سمجھ نہ سکے کہانی بنا لئے

****

کشمیر تیرا کیا کہنا تیری ہر بات نرالی ہے
ہر طرف سبزہ زار اور پھولوں سے کھلی ہر ڈالی ہے

****

ایک پل میں جو آ کر گزر جائے ہوا کا جھونکا ہے اور کچھ نہیں
پیار کہتی ہے جس کو دنیا ایک رنگیں دھوکا ہے اور کچھ نہیں

جہاں بہار ہے وہاں پت جھڑ بھی آتا ہے

جہاں خوشیاں ہوں وہاں غم بھی آتا ہے

✻✻✻✻✻✻✻

کئے ستم اس نے مجھ پر ڈائے کتنے پھر بھی

وہ بے وفا ہے یہ مجھ سے کہا نہیں جاتا

✻✻✻✻✻✻✻

محبت میں مایوس ہونا رونا دھونا تو عام بات ہے

تو عشق میں ایسا کام کر جا کہ دنیا یاد رکھے

✻✻✻✻✻✻✻

مرتے وقت کیا خوب کہے گیا ایک شخص

زندگی نام ہے چند یادوں کا تبسم

✻✻✻✻✻✻✻

ہر درد سب نوں دکھائے نی جاندے

ہر کسے نال پیار پائے نی جاندے

اے دل وی کسِے تے آجاندا اے

ہر کوئی تبسم دل وچ بسائے نی جاندے

چھپدا نی سچا پیا دکرے پاویں لکھ پردے اُتے پاوئیے
دُشمن دوست نہیں بندے پاویں تن دامیٹ کھلادئیے

ناگ ڈنگ لگانوں نی چھڈدے پاویں لکھ منتاں کرادئیے
نی بدلدا اول دالیکھ تبسّم پاویں زور کروڑ لگادئیے

****

تیرے نال پیار نہ کردے
تیر نال اقرار نہ کردے
اگر جدا ہون دی نیت ہوندی
تیرا اینا انتظار نہ کردے

****

زندگی وچ وی عجیب رنگ اُندے نے
کدے خوشی تے کدے غم اُندے نے

کدے دشمن بڑے ستاوندے نے
کدے تبسّم دوست دِل بلاءندے نے

آسی اِک گناہ لکھ بار کیتا اے
رب جینا تینوں پیار کیتا اے

توساں پیار دی قدر نہ سمجھی
پھر وی تبسم تینوں اساں معاف کیتا اے

****

تنہائی وچ یاد آئی تے آنسوں ڈِگ پین گے
محفل وچ یاد آئی تے دو پل مسکرا دین گے

تیری ہر خوشی ہر غم وچ میری یاد شریک اے
تو دس یا نہ دس تبسم تیریاں انکھیاں دے کٹورے دس دین گے

****

تنہائیاں دا بھی کدے اندازہ لگا لینا
محفلاں دا بھی کدے اندازہ لگا لینا

ہر طرح دی آزمائش تیرے سامنے اے
میرے بغیر چین دا بھی تبسم اندازہ لگا لینا

ہر غم دِل وچ چھپائے نی جاندے
میں تھوں ہوں آنسوں بہائے نی جاندے

اگر مقدراں وچ چکر نہ ہوندے تبسّم
ساڈے اِننے مزاخ اڑائے نی جاندے

✲✲✲✲✲✲✲

در پاک رسولؐ دا چھڈ کے تے در غیر دا لنگے تاں کی لنگے
مسلم منگ نہ سکے جو نبیؐ کولوں پھر رب توں منگے تاں کی منگے

✲✲✲✲✲✲✲

شاید توسی ساڈے تے اعتبار نی کردے
شاید توسی سانوں پیار نی کردے

اِک گل توسی پول گئے ہو شاید
کے لمحے کسے دا اِنتظار نی کردے

ایک گنا اسی بار بار کیتا
پہلے رب توں یار نوں یاد کیتا

نہ رب ملیا نہ یار ملیا
دواں نوں لبن لی میں اپ نو برباد کیتا

✲✲✲✲✲✲✲

بنا خواباں توں وی کدے کوئی سو پایا
بنا یاداں تو وی کدے کوئی رو پایا

توسی میرے دل دی دڑکن ہو تبسّم
بنا دڑکن توں وی کدے کوئی جی پایا

✲✲✲✲✲✲✲

کوئی ساڈے وانگوں چاہدے دسی مینوں
کوئی ساڈے وانگوں ستاوے تاں دسی مینوں

دوستی تے ہر کوئی لالیندا اے
کوئی ساڈے وانگوں نباوے تاں دسی مینوں

ساڈے توں جینا مرضی مُکھ موڑ سجناں
اِک دِن پووے ئے تینوں ساڈی لوڑ سجناں

✻✻✻✻✻✻✻✻

لوگ جب دل سے یاد کرنا چھوڑ دیتے ہیں
ہم بھی اُنہیں یاد دلانا چھوڑ دیتے ہیں

رشتوں کا جب بن جاتا ہے مذاق
تبسمؔ ہم رشتے نبانہ چھوڑ دیتے ہیں

✻✻✻✻✻✻✻✻

کچھ ایسے غلط فہمی کے شکار ہوئے وہ
چھوڑ کر اپنوں کو غیروں کے طلبگار ہوئے وہ

لاکھوں کوششیں کی سمجھانے کی ہم نے مگر
نہ سمجھے تبسمؔ تو یوں برباد ہوئے وہ

✻✻✻✻✻✻✻✻

ہمارے دل کی تپش سے ہزاروں چراغ جلتے ہیں
ایک اُسی کو شاید خبر نہیں جس کے لئے ہم جلتے ہیں

ہزاروں چھوڑ جاتے ہیں ہزاروں ساتھ چلتے ہیں
اُس جیسی ایک صورت نہ ملی تبسمؔ جن کیلئے ہم جلتے ہیں۔

کوئی دنیا کے کاروبار کیلئے پاگل ہیں
کوئی محبوب کے اقرار کیلئے پاگل ہیں

دنیا میں ہزاروں پاگل ہیں تبسم
ہم تو مدینے کی سرکار کیلئے پاگل ہیں

✱✱✱✱✱✱✱

یہ خواب ہے تو خواب ہی سہی خواب ہی رہنے دو
اگر یہ دور ہے تو دور ہی سہی دور ہی رہنے دو

خواب دیکھنا بڑی بات نہیں سب دیکھتے ہیں
پوری نہ ہو تو عذاب ہی سہی عذاب ہی رہنے دو

✱✱✱✱✱✱✱

ہمت بھی لاجواب تھی صبر بھی بے مثال تھا
اندازہ نہیں میرا درد بھی کمال تھا

نہ کسی ڈاکٹر نہ کسی پیر کا سوال تھا
پتہ نہیں کوئی مرض ہے یا کوئی زوال تھا

میرا دل ایک سیاہ خانہ ہے تم آ کے ذرہ روشنی رکھ دو
یہ گھر نہیں ایک ویرانہ ہے تم آ کے ذرہ بستی رکھ دو

مجھے شوق نہیں محفلوں کا مجھے مطلب نہیں میناروں سے تبسم
گناہوں کے سائے میں ڈوبی ہوں تم آ کے زرہ بندگی رکھ دو

****

کون کہتا ہے ہم کسی سے ڈرتے ہیں
ہم وہ آگ ہیں تبسم جن سے پتھر بھی جلتے ہیں

****

نہیں معلوم دل میں درد ہے یا دل ہی درد ہے
بتا دے کوئی اگر اس مرض کی دعا ہے

****

آج آئی پھر یاد پرانی بیتی زندگی بیتی جوانی
بچپن کی یادیں وہ دادی ماں کی کہانی
وہ جگنو کی بارات وہ رات کی سہانی
وہ کاغذ کی کشتی وہ بارش کا پانی

جو میرے لئے بہتر ہے اُسی کام سے کام رکھتی ہوں
جو مالک کو پسند ہے اُسی پر ایمان رکھتی ہوں

سادہ لباس پاک نیت اور پاک دل رکھتی ہوں
مجھے کسی سے کیا لینا تبسؔم میں اپنی الگ شان رکھتی ہوں

****

رب نے تھوڑا سا ہلایا سب کو
اپنے ہونے کا احساس دلایا سب کو

مالک کون ہے جس نے بنایا سب کو
توبہ کے دروازے پر لایا سب کو

****

تھوڑا سا بھروسہ تم کو مجھ پہ ہوتا
تھوڑا سا بر ہم کسی موقع رکھا لیا ہوتا

اے کاش وقت کے ساتھ مجھ کو سمجھ لیا ہوتا
جھوٹی تسلی ہی سہی زرہ سا ساتھ دیا ہوتا

اے چاند تو بڑا نصیب رکھتا ہے
تجھ کو ہر شام مدینہ دیکھتا ہے
ہم تو ٹھہرے بد نصیب تبسّم
ہمارا بھی دیکھنے کو دل تڑپتا ہے

****

ہمارے ساتھ اکثر ایسا ہی ہوتا ہے
جس پر خود سے زیادہ بھروسہ ہوتا ہے
توڑ جاتا ہے اتنی آسانی سے وہ
جیسے ہمارا دل نہیں تبسّم کوئی پتھر ہوتا ہے

****

لوگوں کو سخت سے سخت درد دینے کی عادت ہے
ہم بھی کچھ نہیں تبسّم سخت درد سہنے کی عادت ہے

مجھے اپنے وطن کی ہوا سہانی لگتی ہے
کچھ جانی سی کچھ پہچانی سی لگتی ہے

وہ بچپن کے دن اور بہاروں کے موسم
جیسے ایک بیتی ہوئی تبسمؔ کہانی لگتی ہے

✼✼✼✼✼✼✼✼

سب لوگوں کو آزما کر دیکھ لو
مشکل میں ساتھ نبھا کر دیکھ لو
ہم نے تو بہت آزما لیا سب کو
تم بھی سب کو آزما کر دیکھ لو

✼✼✼✼✼✼✼✼

یہ سپنوں کی دُنیا ہے یہاں سپنے بک جاتے ہیں
غیروں کی باتوں میں آ کے تبسمؔ اپنے بک جاتے ہیں

مجھے شوق تھا سب کو جوڑ کر رکھنے کا
جو کیا علاج کروں وقت آنے پر سب ٹھگ جاتے ہیں

✼✼✼✼✼✼✼✼